CHAMBRE DE COMMERCE

DE LILLE

LA RÉFORME

DE LA

LÉGISLATION DES SOCIÉTÉS PAR ACTIONS

EXAMEN DES PROJETS DE LOI

(2 Décembre 1904)

LILLE,

IMPRIMERIE L. DANEL.

—

1905.

[illegible]

[illegible]

CHAMBRE DE COMMERCE DE LILLE

LA RÉFORME

DE LA

LÉGISLATION DES SOCIÉTÉS PAR ACTIONS

RAPPORTS PRÉSENTÉS,
AU NOM DE LA COMMISSION DE LÉGISLATION,
PAR M. GUSTAVE DUBAR.

I. PROJET DE LOI SUR LES SOCIÉTÉS PAR ACTIONS.

Les Sociétés par actions sont actuellement régies par les lois du 24 juillet 1867, du 1er août 1893 et du 9 juillet 1902.

La première de ces lois qui, aujourd'hui encore domine la matière, supprimait l'autorisation préalable imposée par le Code de Commerce, rétablissait la liberté de l'anonymat et réglementait les Sociétés en commandite par action et les Sociétés anonymes.

On s'aperçut bientôt que, si sagement conçue qu'elle fût, elle contenait des lacunes laissant la porte trop largement ouverte à la fraude.

On avait remarqué, en effet, que les prescriptions de cette loi étaient impuissantes à protéger le souscripteur contre la fictivité des souscriptions ou l'exagération des apports.

La loi du 1er août 1893 s'efforça de mettre un terme à cette dernière fraude en interdisant la négociation des actions d'apports pendant deux ans. Elle fut tournée d'une façon inattendue : au lieu de créer des actions d'apport, on créa des parts de fondateur immédiatement négociables.

Cette tentative impuissante ne fit que rendre plus apparents les torts de la loi de 1867. On lui reprochait de ne pas assurer d'une manière suffisante, au cours de la vie sociale, la protection des actionnaires, en ne leur donnant pas le moyen de contrôler, en temps opportun, la gestion des administrateurs par la réunion d'une assemblée générale en dehors des époques fixées par la loi.

D'autre part, cette loi ne contient aucune disposition relativement aux obligations, aux parts de fondateurs et aux Sociétés étrangères. Enfin, et c'est le grief le plus grave qu'on émette, le système de publicité qu'elle a organisé serait insuffisant pour renseigner le souscripteur ou l'acheteur de titres sur l'origine et la valeur de la Société.

Les divers projets de réforme de cette législation, ou n'apportèrent pas les améliorations espérées — telle la loi du 1er août 1893 — ou n'apportèrent que de timides modifications sans grande efficacité — telle la loi du 9 juillet 1902 qui autorise les actions de priorité.

Il devenait urgent de refondre en son entier la législation actuelle.

Une commission extra-parlementaire composée des personnalités les plus marquantes du barreau, de la finance et du droit fut chargée de ce soin.

L'arrêté du Garde des Sceaux, en date du 21 juin 1902, qui l'instituait, lui donnait pour mission « *d'examiner les modifications à apporter aux lois du 24 juillet 1867 et du 1er août 1893 relatives aux Sociétés par actions, d'étudier spécialement les mesures de nature à protéger l'épargne populaire et de préparer dans le plus bref délai possible un projet de loi ayant pour objet de réaliser dans cette partie de la législation les réformes reconnues nécessaires.* »

Le premier soin de la Commission extra-parlementaire a été d'examiner s'il convenait de faire table rase des dispositions législatives antérieures ou bien de prendre pour base la loi actuellement en vigueur et d'insérer dans son texte les dispositions modificatives ou complémentaires dont l'expérience aurait démontré la nécessité.

C'est à cette dernière méthode qu'elle s'est ralliée. Elle a jugé que la loi de 1867 contenait d'excellentes règles qu'il était à propos de maintenir en y ajoutant des innovations qui visent :

1° Les formalités relatives à la constitution des Sociétés, c'est-à-dire la période de constitution ;

2° Les garanties qu'il y a lieu de donner aux actionnaires au cours de la vie sociale, c'est-à-dire la période de fonctionnement ;

3° La réorganisation du régime de publicité.

Nous allons passer rapidement en revue ces diverses innovations.

Constitution

Dans ce chapitre, il convient de grouper les observations qui se réfèrent aux points suivants :

1° Taux des actions ;

2° Bulletin de souscription ;

3° Dépôt des fonds de souscription dans un établissement de crédit ;

4° Déclaration de souscription et de versement ;

5° Vérification des apports en nature et des avantages particuliers ;

6° Négociation des actions d'apports ;

7° Parts de fondateurs.

1° **Taux des actions.** — Le projet de loi maintient les dispositions de la loi de 1893. Les coupures de 25 francs sont admises lorsque le capital ne dépasse pas 200.000 francs. Au-dessus de ce chiffre, les actions sont au minimum de 100 francs.

La seule disposition ajoutée consiste en ceci que la Société ne peut être définitivement constituée :

« Qu'après le versement en espèces par chaque actionnaire du montant des actions ou coupures d'actions souscrites par lui lorsqu'elles n'excèdent pas 25 francs et du quart au moins des actions lorsqu'elles sont de 100 francs et au-dessus. »

2° **Bulletin de souscription.** — La création de ce bulletin, destiné tout à la fois à renseigner le public et à constater l'engagement du souscripteur, constitue une des plus importantes innovations du projet — innovation empruntée du reste à la loi belge.

Elle a pour but de rappeler au souscripteur les clauses les plus importantes de l'acte de Société au cas si fréquent où cet acte ne serait pas venu à sa connaissance.

Le bulletin doit contenir les énonciations suivantes :

La raison sociale et, s'il y a lieu, la dénomination de la société ;

Le siège social ;

L'objet de l'entreprise ;

La durée de la société ;

Le montant du capital social et le taux de chaque action ;

La désignation de l'établissement où les fonds doivent être déposés ;

Le mode de libération pour chaque action ;

L'énumération des avantages stipulés au profit du gérant ou de toute autre personne ;

La désignation des apports et le mode de rémunération proposé ;

La forme dans laquelle doivent être faites les convocations aux assemblées générales ;

La référence au bulletin annexe du « *Journal Officiel* » dans lequel aura été faite la publication du projet de statuts conformément à l'article 58.

Cette précaution a pour but d'éclairer les actionnaires et de diminuer le nombre de ceux qui souscrivent à l'aveuglette sans se rendre un compte exact des responsabilités qu'ils encourent non plus que des avantages qui leur sont offerts.

Une seule remarque à faire concernant le Bulletin annexe du «*Journal Officiel* » qui publierait les statuts.

Il semble qu'on n'ait pas abandonné le projet de la création d'un Recueil Officiel des annonces légales.

La Chambre de Lille a dit ce qu'elle pensait de cette innovation à laquelle manquent tout à la fois le caractère pratique et l'utilité. Nous sommes convaincus que la publicité des sociétés par actions peut se faire de façon efficace dans les journaux existants sans qu'on ait recours à un organe spécial qui serait impossible à consulter et coûterait fort cher.

3⁰ Dépôt des fonds de souscription dans un établissement de crédit. — Aux termes de la loi de 1867, la souscription de la totalité du capital social et le versement de la portion exigible de ce capital sont constatés au moyen d'une déclaration faite dans un acte notarié par le gérant de la Société en commandite par actions ou par les fondateurs de la Société anonyme.

Cette prescription fut impuissante à empêcher une des fraudes les plus fréquentes, les plus graves et les plus préjudiciables aux tiers et aux actionnaires sérieux : la fictivité des souscriptions et des versements.

Le projet actuel (art. 24) porte :

« *Les fonds provenant des souscriptions sont déposés par*

les gérants dans l'un des établissements suivants : Banque de France, Caisse de Dépôts et Consignations ou Crédit Foncier de France ».

On pourrait sans inconvénients augmenter le nombre de ces établissements et autoriser le dépôt des fonds de souscription dans les grandes banques régionales, dans celles, par exemple, qui possèdent un gros capital et ont une existence de dix années.

L'art 24 dit encore :

« Les fonds provenant des souscriptions ne peuvent être retirés de l'établissement dépositaire que sur la signature de tous les gérants ou de leurs fondés de pouvoir ».

4° **Déclaration de souscription et de versement.** — La législation actuelle est ainsi conçue :

« Cette souscription et ces versements sont constatés par une déclaration du gérant dans un acte notarié.

« A cette déclaration sont annexés la liste des souscripteurs, l'état des versements effectués, l'un des doubles de l'acte de société s'il est sous seing-privé, et une expédition s'il est notarié et s'il a été passé devant un notaire autre que celui qui a reçu la déclaration ».

Dans le projet à l'étude, l'intervention du notaire n'est plus obligatoire; si l'acte de société est sous seing-privé, ce sont les gérants ou les fondateurs qui font les déclarations nécessaires au greffe du tribunal de commerce. Le dépôt au greffe de la justice de paix est supprimé.

Il est certain que l'intervention du notaire, telle qu'elle est prévue par la loi de 1867 est superflue, puisque, d'après la loi et la jurisprudence, le notaire n'est pas responsable.

Il ne fait que constater les déclarations qui lui sont faites et joue un rôle purement passif dans l'acte auquel il donne l'authenticité.

L'utilité du notaire est donc faible et son intervention peut donner au public une fausse sécurité.

Le législateur a pensé qu'on pouvait sans grand inconvénient exonérer la fondation de frais très considérables et supprimer l'acte notarié puisque le versement effectif du capital sera constaté par le récépissé de l'établissement de dépôt, récépissé qui devra être remis au greffe du Tribunal de commerce.

Pourtant, l'intervention du notaire conserve ses partisans. Dans le dédale des lois nouvelles, disent ceux-ci, les fondateurs auront plus que jamais besoin de s'entourer de conseils. Il faut craindre qu'ils n'aient recours à des agents d'affaires plus ou moins consciencieux dont les services, non tarifés, seront payés, dans certains cas, plus cher que ceux des notaires, et dont la responsabilité sera illusoire.

5⁰ **Vérification des apports et des avantages particuliers.** — « *Une copie de la déclaration des gérants avec pièces à l'appui est soumise à la première assemblée générale qui en vérifie la sincérité.* »

Par cette prescription, on espère voir disparaitre les souscriptions à versements fictifs, de même que l'exagération des apports et des avantages particuliers.

La notice relative aux apports étant signée des gérants ou des fondateurs engage leur responsabilité et fait disparaître tout danger de fraude.

Il est à remarquer que souvent les sociétés périclitent par suite d'une étude mal faite des opérations auxquelles elles se livreront et souvent aussi en raison de l'exagération des apports que l'assemblée des actionnaires-fondateurs, presque toujours incompétents, ne manque pas d'approuver.

6° **Négociation des Actions d'apport.** — Nous avons expliqué comment des financiers peu scrupuleux avaient tourné l'interdiction de négocier les actions d'apport pendant deux ans à partir de la constitution de la Société. Au lieu de créer des actions d'apport, ils créaient des parts de fondateurs immédiatement négociables.

Le projet à l'étude rend cette fraude impossible : « *Les dispositions relatives aux actions d'apport, dit il, s'appliquent à tous titres créés sous quelque nom que ce soit en représentation d'apports en nature ou en rémunération de services au profit des fondateurs ou d'autres personnes.* »

L'utilité de cette interdiction est évidente ; elle a pour but d'obliger le commerçant ou l'industriel qui se retire des affaires à rester intéressé pendant un certain temps au moins au succès de son entreprise.

C'est la consécration de ce qui se passe en pratique dans les affaires honnêtes.

7° **Parts de fondateurs.** — La loi de 1867 ne règle ni la situation des porteurs de parts de fondateurs, ni les droits conférés par les titres de cette nature, pour la bonne raison qu'ils sont de création toute récente

Mais ils ont pris un tel développement qu'on a reconnu la nécessité de légiférer à leur égard.

C'est ainsi que le garde des sceaux a déposé le 4 juillet 1903, un projet de loi spécial sur les obligations émises par les Sociétés et sur les parts de fondateurs.

Toutefois, la Commission chargée de la révision de la loi de 1867 a jugé bon d'introduire dans son texte une définition précise des parts de fondateurs, en vue de couper court à la confusion que les spéculateurs ont tenté d'établir entre les parts de fondateurs et les actions.

Elle ajoute à l'article 4, *in fine*, la disposition suivante :

« *Les avantages consentis aux fondateurs ou à toute autre*

personne peuvent être représentés par des titres négociables qui ne donnent droit qu'à une part dans les bénéfices. »

L'assimilation entre les deux espèces de titres devient ainsi impossible. Les actions donnent droit à la direction de la Société et à une part dans le fond social ; les parts de fondateurs, au contraire, ne donnent droit qu'à des bénéfices.

Fonctionnement

Nous arrivons aux innovations réalisées par le projet en ce qui concerne la période de la vie sociale. Elles se réfèrent aux cinq points suivants :

1° Conseil de surveillance dans les Sociétés en commandite par actions ; commissaires dans les Sociétés anonymes ;

2° Convocations des Assemblées générales à la demande des actionnaires ;

3° Droit de groupement ;

4° Communications aux actionnaires ;

5° Modifications aux statuts.

Examinons successivement chacun de ces cinq chapitres :

1° **Conseil de surveillance et commissaires.** — La loi de 1867 a organisé deux systèmes de surveillance.

Le Conseil de surveillance des Sociétés en commandite par actions est exclusivement composé d'actionnaires. Les commissaires des Sociétés anonymes peuvent être choisis parmi des non-associés.

Les membres du Conseil de surveillance sont nommés par l'Assemblée générale pour la durée fixée par les statuts, sauf le premier Conseil de surveillance qui n'est nommé que pour un an. Les commissaires des Sociétés anonymes sont désignés tous les ans par l'Assemblée générale.

L'action du Conseil de surveillance est permanente. Celle des Commissaires des Sociétés anonymes ne peut s'exercer qu'aux époques fixées par la loi.

Ces dispositions diverses, dont la pratique a consacré la sagesse, sont maintenues dans le nouveau projet.

Une seule modification est apportée en ce qui concerne les commissaires des comptes. Sous le régime de la loi de 1867, ils ne peuvent se réunir que pendant le trimestre qui précède l'Assemblée générale. Le projet Vallé porte que *« les commissaires ont le droit, toutes les fois qu'ils le jugent convenable dans l'intérêt social, de vérifier les livres, la caisse, le portefeuille et les valeurs de la Société. »*

Une semblable licence peut présenter des inconvénients et entraver la direction de la Société. La garantie qu'on cherche est suffisamment assurée par la convocation de l'Assemblée générale à toute époque de l'année.

2° **Convocation des Assemblées générales à la demande des actionnaires.** — Aux termes de la loi de 1867, le Conseil de surveillance des Sociétés en commandite peut convoquer l'Assemblée générale et, conformément à son avis, provoquer la dissolution de la Société.

Cette disposition reste en vigueur.

Dans les Sociétés anonymes, le Conseil d'administration et les Commissaires peuvent seuls, d'après la loi de 1867, provoquer la réunion de l'Assemblée.

Le projet qui nous est soumis prévoit la réunion de l'Assemblée générale lorsque demande en sera faite par un groupe de porteurs représentant le quart du capital social. Les requérants indiqueront les questions sur lesquelles l'Assemblée aura à délibérer (Art. 27).

Les conflits entre le Conseil d'administration et la majorité des actionnaires ne pourront donc plus se perpétuer. Ils seront tranchés tout de suite, sans attendre, comme sous le régime actuel, l'Assemblée annuelle. On pourrait applaudir sans réserves à cette mesure qui est une garantie nouvelle pour l'actionnaire, si elle ne donnait lieu de craindre qu'elle serve de prétexte à un actionnaire grincheux ou mécontent pour entraver la marche normale des affaires sociales et affaiblir l'autorité et l'initiative du Conseil d'administration.

C'est pour cette raison que de bons esprits pensent qu'il aurait fallu exiger, au lieu du quart, la moitié du capital social. On écarterait par la même occasion le danger que présenterait l'achat d'actions par des concurrents intéressés à provoquer une crise de la Société.

3° **Droit de groupement.** — L'article 27 de la loi du 24 juillet 1867, modifié par la loi du 1er août 1893, porte que « *tous propriétaires d'un nombre d'actions inférieur à celui déterminé pour être admis dans l'Assemblée, pourront se réunir pour former le nombre néccessaire et se faire représenter par l'un d'eux.* »

Cette disposition est restée spéciale aux Sociétés anonymes et ne s'applique pas aux Sociétés en commandite par actions. Cette différence de traitement ne se justifie pas et le projet la fait disparaître.

Les petits actionnaires qui usaient de la faculté de groupement de leurs actions et se faisaient représenter par « l'un d'eux » pourront encore se faire représenter par un autre actionnaire ayant le droit d'entrer à l'Assemblée générale.

Dans les deux cas, on évite d'introduire dans les discussions des étrangers qui pourraient mettre en péril les intérêts sociaux.

4° **Communications aux actionnaires.** — Il s'agit ici des renseignements à donner aux actionnaires dans la quinzaine qui précède l'assemblée générale.

Le nouvel article 12 est ainsi rédigé :

« Quinze jours au plus avant la réunion de l'Assemblée générale, et jusqu'à la veille de l'Assemblée, tout actionnaire peut prendre par lui ou par un fondé de pouvoirs actionnaire lui-même, au siège social, communication de l'inventaire et de la liste des actionnaires ayant le droit d'assister aux assemblées générales ; il ne peut se faire délivrer copie que du bilan résumant l'inventaire et du rapport du Conseil de surveillance.

» Le rapport des gérants est déposé au siège social, trois jours avant l'Assemblée générale, et chaque actionnaire peut en prendre connaissance ».

Il suffit que le Conseil d'administration et les Commissaires soient en possession de la liste des actionnaires. La communication de cette liste aux actionnaires eux-mêmes serait superflue et dangereuse.

5° **Modifications aux statuts.** — L'obscurité de la loi de 1867 sur ce point avait fait naître de graves difficultés que la jurisprudence avait résolues ainsi :

« Les modications des dispositions statutaires sont autorisées si elles ne portent pas atteinte aux BASES ESSENTIELLES DU PACTE SOCIAL. *Pour modifier ces dernières il faut l'unanimité des actionnaires. »*

Mais que faut-il entendre par « *bases essentielles du pacte social* » ? sur ce point, division profonde des légistes.

Le projet de loi nouveau (art. 31), détermine les conditions dans lesquelles les statuts et l'objet d'une société pourront être changés. Les trois quarts du capital devront être représentés à l'Assemblée, les résolutions devront réunir les deux tiers des voix des actionnaires présents ou représentés. Tout actionnaire, quel que soit le nombre des actions dont il est porteur, peut prendre part aux Assemblées de cette nature et disposer d'un nombre de voix égal à ses actions.

La loi autorise à insérer dans les statuts leur immutabilité, en conséquence de quoi il est permis à une société de décider qu'elle ne déviera jamais du but dans lequel elle a été créée.

C'était la conception de la loi de 1867 qui n'avait pas prévu qu'une société pût changer d'objet durant la vie sociale.

Publicité.

Nous abordons la grande réforme du projet du Garde des Sceaux. Il s'agit de la refonte intégrale du système de publicité organisé par la loi de 1867.

Les art. 55, 56, 57 et 58 énoncent les formalités et publications exigées au moment de la constitution des sociétés.

Les innovations les plus marquantes consistent :

A ordonner la publication intégrale des actes de société et de la liste de souscriptions au bulletin annexe du « *Journal officiel* », dans la huitaine du dépôt au greffe du Tribunal de Commerce ;

A annexer à la publication ci-dessus une notice détaillée sur la nature et la valeur des apports ou la cause des avantages particuliers stipulés, chaque fois qu'il y a souscription publique et qu'un des associés fait un apport en nature ;

A ordonner toutes les publications prescrites par les articles 1 et 24 pour les bulletins de souscriptions et autres, au moment de la mise en vente d'actions pour lesquelles il n'y a pas eu de souscription publique.

L'art. 59 prescrit que dix jours au moins avant l'ouverture de toute souscription publique à des obligations, les administrateurs ou gérants doivent publier, dans le bulletin annexe du *Journal Officiel*, un avis énonçant :

1º L'objet de la société ;

2º Sa durée ;

3º La date de l'acte de société et celle de la publication de cet acte et de toute modification apportée aux statuts ;

4º L'indication du capital non libéré ;

5º Le montant des obligations déjà émises par la Société, avec énumération des garanties attachées à ces obligations ;

6º Le nombre et la valeur nominale des obligations à émettre, l'intérêt à payer pour chacune d'elles, l'époque et les conditions de remboursement ;

7º Le dernier bilan ou la mention qu'il n'en a pas été dressé encore.

On ne peut qu'approuver toutes ces précautions prises pour la défense des intérêts des obligataires.

L'art. 61 soumet à la publication du « *Journal Officiel* » toutes communications intéressant les actionnaires ou les obligataires : modification des statuts, continuation de la Société au-delà du terme fixé pour sa durée, dissolution avant terme, mode de liquidation, changements ou retraits d'associés, changements à la raison sociale, nomination, révocation, démission des gérants, des membres du conseil de surveillance des Sociétés en commandite par actions, des administrateurs ou des commissaires des Sociétés anonymes.

Le dernier paragraphe de l'art. 61, est rédigé ainsi :

« *Dans le mois qui suivra l'approbation par l'assemblée générale du bilan annuel, ce bilan est publié, à la diligence des gérants ou des administrateurs, dans le Bulletin annexe du « Journal Officiel ». A la suite du bilan sont publiés les noms des administrateurs* ».

Nous indiquerons dans nos conclusions quels graves inconvénients nous voyons à la publication obligatoire de ce bilan.

Nous ne saurions admettre davantage le mode de publicité proposé pour tous les documents dont la publication est imposée dans le projet.

Dans votre séance du 19 juin 1903, vous vous êtes prononcés sur la création d'un « *Recueil spécial des Annonces légales* » et vous avez repoussé dans une délibération fortement motivée, le projet qui consiste à enlever les annonces légales à la multitude des journaux d'arrondissements qui les publient actuellement, pour les rassembler dans une seule et unique publication — que ce soit un *Recueil spécial des Annonces légales* ou un *Bulletin Annexe du « Journal Officiel »*.

Vous avez estimé que le projet du Garde des Sceaux masquait le dessein de constituer, au profit de l'État, une sorte de monopole des annonces légales qui prendrait rapidement le caractère d'un impôt nouveau.

Un examen sérieux de ce projet vous amenait à vous former la conviction que ni les intéressés ni l'État ne retireraient un avantage réel de la réforme.

Permettez-moi de vous remettre sous les yeux le passage principal de l'étude que votre rapporteur avait, à ce moment, consacrée au projet :

« Il suffit de connaître la nature des annonces légales pour se rendre compte qu'elles ne présentent le plus souvent aucun intérêt général et, qu'en dehors du ressort du tribunal qui a rendu le jugement, personne ne se soucie de les connaître.

» A quoi se réfèrent, en effet, les annonces légales ? A des jugements et arrêts prononçant une liquidation judiciaire, déclarant ou rapportant une faillite, homologuant ou résolvant un concordat, déclarant un état d'union, clôturant pour cause d'insuffisance d'actif une faillite, ou déclarant la réouverture de celle-ci ; à des jugements et arrêts prononçant un divorce, une séparation de corps, une séparation de biens ; à des jugements et arrêts prononçant une interdiction ou nommant un conseil judiciaire ; à des actes constatant la formation ou la modification d'une société commerciale ; à des actes, jugements ou arrêts prononçant sa dissolution ou son annulation, nommant ou remplaçant les liquidateurs.

» A les prendre l'une après l'autre, on se convainc que ces annonces légales ne présentent qu'un intérêt local ou tout au plus régional.

» Dans le cas d'une faillite, par exemple, ou sait que 95 fois sur 100, les créanciers habitent la ville ou un faible rayon autour de la ville du failli. Les faillites d'ordre plus général sont relevées pour le dehors par les journaux spéciaux aux diverses industries.

» Les Sociétés industrielles et commerciales recrutent la plupart du temps leurs actionnaires à leur siége même ou dans la contrée.

» Quant aux divorces, les neuf dixièmes sont prononcés avec l'assistance judiciaire, c'est-à-dire aux frais des contribuables, ce qui indique assez qu'ils ne présentent aucune importance financière.

» Si, de temps en temps, survient un divorce, une séparation de biens, une faillite, une liquidation judiciaire, qui intéressent les banques pour leurs ouvertures de crédit, peut-on croire que ces établissements attendront le « *Bulletin Officiel* » pour être renseignés ?

» De toutes façons, le *Bulletin* ne servira qu'à donner des renseignements superflus ou à prévenir des gens déjà avertis. Sa publicité sera rarement efficace. Le petit cercle de personnes intéressées dans une faillite, une séparation de biens, un divorce, la formation d'une société, trouvent sûrement l'annonce utile dans le journal de la localité. Elles ne l'iront pas chercher dans le « *Bulletin Officiel* » dont elles ignoreront l'existence et où, du reste, l'annonce en question serait noyée parmi des centaines d'annonces semblables et introuvable.

» Seuls, les hommes d'affaires seront abonnés au « *Bulletin* » et il y aura pour le public nécessité — coûteuse — de passer par leur intermédiaire pour obtenir le renseignement désiré.

» De quelque façon qu'on envisage la réforme, on en arrive donc à la nécessité absolue du maintien de la publicité actuelle qui a toujours donné satisfaction aux intéressés.

» La création d'un organe spécial, envisagée au point de vue du Trésor, n'est pas davantage soutenable.

» On a fait le calcul de ce que représenterait comme texte la concentration des annonces légales de la France entière.

» Le *Bulletin des Maîtres-Imprimeurs de Lyon* estime qu'il faudrait chaque jour 200 pages du type du *Journal Officiel* pour les contenir toutes.

» Pour subvenir aux frais d'une semblable publication, il faudrait surélever considérablement le coût des insertions à un moment où l'on tend à diminuer les frais judiciaires plutôt qu'à les augmenter, ou fixer l'abonnement à un prix tel que le *Recueil spécial* serait inabordable pour le grand public, partant totalement inutile au point de vue de la publicité des documents y contenus.

» Pour ne pas devenir d'une consultation impossible, le *Recueil spécial* devrait contenir une table annuelle alphabétique, régionale et par genres d'affaires, dont l'établissement demanderait beaucoup de temps et d'argent. Tous les cinq ou tous les dix ans, il faudrait renouveler ces tables à grands frais.

» Dans ces conditions, la création d'un *Recueil spécial* risque fort d'être une mauvaise affaire pour l'Etat.

» Quant à l'abonné du *Recueil spécial*, juge-t-on de son embarras de recevoir chaque jour la valeur d'un volume de prose juridique qu'il sera obligé de conserver sur les rayons d'une bibliothèque colossale parce que, ici ou là, se trouvera une page qui l'intéresse ? »

Je suis persuadé que votre conviction est aujourd'hui ce qu'elle était l'an dernier et que vos conclusions, conformes d'ailleurs à celles d'un grand nombre de chambres de commerce, de tribunaux civils ou de commerce consultés — notamment ceux de Brest, Rouen et Nancy — seront qu'une plus large publicité des actes et décisions des Sociétés par actions est nécessaire et, qu'à part les réserves formulées, le projet a raison en cela, mais que le mode de publicité ne doit pas être changé et qu'en cela le projet a tort.

L'article 63 autorise toute personne à prendre communication des pièces déposées au greffe du tribunal de commerce — le dépôt au greffe de la justice de paix étant supprimé,

Mais on ne peut le faire le plus souvent qu'à l'aide de réper
toires difficiles à consulter.

Il serait utile qu'une disposition légale intervînt à l'effet
d'exiger que tout acte apportant des modifications aux
statuts soit mentionné, avec sa date, sur l'exemplaire des
statuts qui est déposé au greffe du tribunal. Cette obligation
serait de nature à rendre les recherches des intéressés plus
simples, plus rapides et aussi plus sûres.

Les hypothèques.

Un article 69 avait été ajouté à la loi de 1867 par la loi
du 1ᵉʳ Août 1893. Il devait permettre aux sociétés d'éviter,
dans beaucoup de cas, les frais de l'intervention d'un
notaire, notamment en matière hypothécaire. L'hypothèque
pouvait être consentie par un administrateur muni d'une
simple délégation sous seing privé et alors même que la
société avait été constituée par acte sous seing privé.

Malheureusement, le texte prête à ambiguïté, et en
pratique, les sociétés ont été privées du bénéfice que la
loi de 1893 a voulu leur accorder.

La nouvelle rédaction de l'article 69 supprime toute
équivoque :

« Art. 69. — *Tous actes notariés peuvent être passés au
nom de toute société commerciale en vertu des pouvoirs,
délégations ou mandats résultant de son acte de formation,
même sous seing privé, ou des délibérations ou autorisations
constatées dans les formes réglées par le dit acte.* »

Droits fiscaux.

Pour compenser, dans une certaine mesure, les frais de
publicité prescrits par le projet *(publication des projets de*

*statuts, de l'acte de Société, de la liste des actionnaires,
des procès-verbaux des délibérations des assemblées générales,
des modifications de statuts, des bilans, des démissions ou
révocations, etc.)* on exonère des droits de timbre et d'enre-
gistrement les documents nouveaux dont l'établissement
est ordonné, bulletin de souscription, récépissé du dépôt
de fonds des souscriptions dans un établissement public,
certificat de retrait.

Dans le même but, on autorise le greffier du Tribunal
de commerce du lieu où se trouve le siège social à établir
sur papier libre les expéditions des actes délivrées en vue
de la publication.

Malgré cette précaution, il n'est pas douteux que la
création du *Recueil spécial des Annonces légales* imposerait
aux Sociétés des charges nouvelles très lourdes et sans
compensation suffisante par ailleurs.

Sanctions pénales.

La loi de 1867 n'avait prévu que des amendes hormis les
cas assimilés à l'escroquerie. Il est arrivé que ces sanctions
fussent insuffisantes, l'amende ne touchant pas les
fraudeurs quand ils réussissaient à conserver la majeure
partie des fonds souscrits par les naïfs.

Le nouveau projet prévoit la peine de l'emprisonnement
variant de 15 jours à 6 mois (art. 15).

Il assimile les directeurs et administrateurs des Sociétés
à des commerçants au point de vue de la peine applicable à
un délit déterminé.

On sait que, dans notre législation actuelle, les administrateurs et les directeurs de Sociétés ne sont pas des commerçants et ne peuvent être déclarés personnellement en
faillite ni poursuivis pour banqueroute.

Les peines de la banqueroute pourront leur être appliquées dorénavant.

Ces dispositions sont graves. Elles menacent de paralyser le recrutement des directeurs et administrateurs des Sociétés dans un pays où l'esprit d'initiative et le goût de l'industrie sont déjà si peu développés.

Les auteurs du projet ont donc eu la main trop lourde. Ils effrayeront à juste titre les gens honorables et les écarteront des conseils d'administration.

Quant aux peines édictées plus haut, elles sont si sévères qu'elles ne devront être appliquées que lorsque la culpabilité sera deux fois prouvée.

II. PROJET DE LOI SUR LES OBLIGATIONS ÉMISES PAR LES SOCIÉTÉS ET SUR LES PARTS DE FONDATEURS.

Ce projet de loi a été déposé par M. Vallé, Garde des Sceaux, le 4 juillet 1903, et renvoyé à la commission de réforme judiciaire et de Législation civile et criminelle.

Il fait partie, au même titre que la loi sur les Sociétés par actions et la loi sur les Sociétés étrangères, du grand projet de refonte de notre législation sur les Sociétés commerciales.

Son examen vient donc rationnellement après celui que nous avons accordé à la révision de la loi de 1867.

Le projet de loi se divise en deux parties distinctes : la première se réfère aux obligations ; la seconde aux parts de fondateurs.

Obligations.

» *Les lois de* 1856, 1863, 1867, dit l'exposé des motifs, *n'ont réglé que les droits des actionnaires. Le mode d'emprunt par obligations reste donc sous l'empire des principes du droit commun.*

« Les porteurs d'obligations sont des créanciers comme les autres, en l'absence de causes légitimes de préférence. La législation ne leur offre aucune facilité pour la défense de leurs intérêts communs. »

De cette absence de dispositions légales relatives aux obligataires sont nées de nombreuses difficultés. On a interdit aux obligataires de se réunir et de se grouper en vue d'une action commune. On leur a refusé le droit de charger un ou plusieurs mandataires de soutenir à frais communs un procès contre la Société. Personne ne représente les obligataires au moment de la souscription ; c'est la Société débitrice qui, postérieurement à la souscription, se charge de l'inscription de l'hypothèque ; de sorte qu'entre le moment de l'émission et la prise de l'hypothèque, d'autres hypothèques ont pu naître et primer celle réservée aux obligataires. Les mains-levées partielles après amortissements soulèvent de nombreuses difficultés.

Les dispositions de la nouvelle loi qui s'inspire à la fois de l'intérêt des obligataires et de celui des Sociétés supprimeront, espère-t-on, ces inconvénients.

L'article 1er stipule :

« Les sociétés ne peuvent, à peine de nullité, émettre d'obligations remboursables par voie de tirage au sort à un taux supérieur au prix d'émission qu'à la condition que le taux de remboursement soit le même pour toutes les obligations. »

Ce texte équivaut à l'interdiction des obligations à primes ou à lots. Il ne changera rien, du reste, à ce qui se passe actuellement. En somme, toute loterie

continue d'être interdite sans l'autorisation du Gouver-
nement.

L'art. 2 contient la grande innovation de la loi. Il
dit :

» *Nonobstant toute stipulation contraire, les porteurs
d'obligations peuvent se réunir en Assemblée générale et
prendre, à la majorité, sur les questions visées à l'art.* 10
et en se conformant aux règles de l'art. 9, *des résolutions qui s'imposent à tous les obligataires.* »

Voici de quelle façon fonctionnerait l'assemblée des
obligataires :

Elle serait convoquée par la Société débitrice chaque
fois que demande en serait faite par les porteurs d'obligations formant le vingtième au moins du capital repré-
senté par chaque série d'obligations. Les obligataires
en demandant la convocation de l'assemblée indiqueraient
l'ordre du jour.

L'avis de convocation serait inséré deux fois, à huit jours
d'intervalle, au Bulletin annexe du *Journal officiel* ainsi que
dans les journaux locaux (art. 5).

Une liste de présence des obligataires serait dressée à la
diligence de la Société débitrice (art. 6) qui aurait à faire
tous les frais de la réunion (art. 8).

L'assemblée est ouverte sous la présidence de l'obligataire
ayant le plus grand nombre de titres. Elle élit son président
qui se fait assister par les deux plus forts obligataires présents ou représentés et par un secrétaire (art. 7).

Les délibérations qui ne peuvent porter que sur l'ordre du
jour proposé, ne sont valables que si l'Assemblée comprend
les 3/4 des obligations en circulation et si le vote réunit les
2/3 des voix, chaque obligataire ayant autant de voix qu'il
possède d'obligations (art. 9).

Un paragraphe de l'art. 9 défend à la Société débitrice de voter avec les titres dont elle est propriétaire, ce qui est logique, car un accaparement des titres pourrait lui permettre de lutter contre l'Assemblée des obligataires.

Le quorum des trois quarts du capital obligations et les deux tiers des voix imposés pour la valabilité des résolutions paraissent offrir des garanties sérieuses et suffisantes. Ils rendront peut-être difficile la tenue de ces Assemblées, à cause de l'indifférence ordinaire des porteurs. Mais si les intérêts en jeu sont graves, les obligataires se garderont de s'abstenir et viendront nombreux à l'Assemblée qui pourra alors délibérer.

Remarquons que chaque obligataire a, dans l'Assemblée, autant de voix qu'il possède d'obligations.

Cette disposition a semblé équitable à la Chambre de Commerce de Marseille :

« L'obligataire, dit-elle, est un créancier, et de même
» que dans les assemblées des faillites ou des liquidations
» judiciaires il est tenu compte de l'importance de la créance,
» nous admettons très bien que tout créancier, c'est-à-dire
» que tout obligataire, ait le droit de voter proportionnelle-
» ment au nombre d'obligations qu'il possède ».

Nous partageons pleinement cette manière de voir.

L'article 10 confère à l'Assemblée le droit :

« 1° De nommer un ou plusieurs représentants aux obligataires;

» 2° De décider des actes conservatoires à accomplir dans l'intérêt commun ;

« 3° De confier à des représentants le pouvoir d'intenter des procès déterminés ;

» 4° De proroger une ou plusieurs échéances d'intérêts ;

» 5° De prolonger la durée de l'amortissement ou de la suspendre ;

» 6° De consentir la réduction du taux de l'intérêt ou de modifier les conditions de paiement des coupons ;

» 7° De décider que des dépenses seront faites à la charge des obligataires. »

Les paragraphes 4, 5 et 6 que nous reproduisons ci-dessus appellent quelques réflexions, car ils porteraient atteinte, si l'on n'y prenait garde, au caractère de l'obligation.

L'obligataire n'est pas un associé qui participe aux bénéfices ou aux pertes éventuelles. C'est un créancier aux droits duquel on ne doit pas toucher si l'on ne veut faire perdre à l'épargne toute confiance dans les obligations et éloigner les fonds de ce genre de placement au grand préjudice des sociétés même qu'on croyait aider.

Il serait donc sage d'interdire aux assemblées d'obligataires toute délibération sur les points indiqués aux paragraphes 4, 5 et 6, sauf quand la société débitrice est entrée en liquidation judiciaire ou au moins amiable. Dans ce cas seulement les dispositions du projet sont légitimes.

L'Article 11 règle les dispositions à prendre en cas d'émission d'obligations hypothécaires. Il prévoit la nomination d'un ou plusieurs commissaires chargés de représenter les obligataires dans l'accomplissement de toutes les formalités légales. A défaut d'entente entre les obligataires, c'est le président du tribunal de commerce qui désigne d'office les commissaires.

L'article 12 dit que le représentant des obligataires ne pourra s'immiscer dans les affaires sociales. Par contre, il obtiendra les mêmes communications que les actionnaires et assistera aux assemblées des actionnaires sans participer aux discussions ni aux votes.

L'art. 13 est ainsi conçu :

« *Aucune des modifications aux statuts touchant à l'objet ou à la forme de la Société ne pourra être réalisée par une*

Société ayant émis des obligations sans l'adhésion des obligataires délibérant conformément à l'art. 9.

» Cette adhésion, pour être valable, devra être consentie par les deux tiers du capital-obligations en circulation. »

Si l'on repousse les paragraphes 4, 5 et 6 de l'art. 10, il faut repousser aussi totalement cet art. 13 en vertu du même principe de la fixité et de la sécurité des obligations. On ne saurait admettre qu'une majorité quelconque impose un changement de régime ou une diminution de gages à un obligataire.

En aucun cas — sauf, comme précédemment nous l'avons dit, celui de liquidation judiciaire ou amiable — on ne devra toucher aux prérogatives des obligations.

L'art. 14 détermine le mode de remboursement des obligations en cas de liquidation judiciaire ou de faillite.

L'art. 16 fixe les pénalités.

L'art. 17 dit :

« Les dispositions de la présente loi ne s'appliquent pas aux Sociétés soumises à l'autorisation préalable.

» La présente loi est applicable aux obligations émises antérieurement à sa promulgation. »

Le 1ᵉʳ paragraphe de cet article 17 vise surtout le Crédit Foncier qui pourra continuer à émettre des obligations à lots.

Le second paragraphe pose le principe de la rétroactivité. D'une manière générale, et pour d'excellentes raisons sur lesquelles il n'est pas besoin de s'appesantir ici, la rétroactivité n'est pas admise dans la législation française.

Nous ne voyons aucune bonne raison pour que le législateur se départisse aujourd'hui d'un principe qu'il a constamment respecté dans le passé. Nous voyons beaucoup d'inconvénients, au contraire à ce qu'il fasse une exception pour le projet de loi sur les obligations et nous demandons expressément que le second paragraphe de l'art. 17 soit supprimé.

Parts de fondateurs.

L'exposé des motifs s'attache à définir la part de fondateur.

« *Les fondateurs des Sociétés,* dit-il, *doivent nécessairement faire appel aux concours les plus divers. Beaucoup de ces concours sont d'une appréciation difficile. Ils se traduisent, en effet, sous forme de services dont l'utilité ne se révélera que plus tard ou sous forme d'apports qui ne sont pas évaluables en argent ou en actions. La part de fondateur a été inventée pour rémunérer ces prestations. Elle offre, aux personnes qui ont aidé à la création de la Société ou participé à sa constitution et qui, cependant, ne réalisent pas un apport rémunérable dans les termes de l'art. 4 de la loi de 1867, une part dans les bénéfices éventuels de la Société* ».

La part de fondateur constitue ainsi un droit de créance et non un droit d'associé. Elle participera aux bénéfices éventuels mais ne conférera pas, comme une action, le droit de s'occuper des affaires sociales. Les parts de fondateurs ou bénéficiaires se différencient des actions d'apport en ce qu'elles peuvent être négociées à partir de la constitution de la Société.

Les porteurs de parts de fondateurs peuvent être autorisés à assister aux assemblées générales d'actionnaires, mais sans voix délibérative (Art. 19).

Les assemblées de porteurs de parts sont convoquées par la Société sur la demande des porteurs possédant le vingtième des parts qui fixeront l'ordre du jour (art. 20).

Elles fonctionnent dans les mêmes conditions que les assemblées d'obligataires (Art. 21).

L'assemblée ne peut délibérer que si la moitié des parts émises est représentée. Les résolutions doivent réunir la moitié des voix. Chaque porteur a autant de voix qu'il possède de parts (Art. 22).

Toutes ces dispositions sont analogues à celles prises pour les assemblées d'obligataires.

L'assemblée des parts de fondateurs peut consentir :

à la réduction du droit aux bénéfices,
au rachat des parts par la Société,
à la conversion des parts en actions (Art. 23).

Nous ferons observer que le rachat des parts par la Société viole le droit de propriété des porteurs de part qui ne veulent pas vendre leurs actions et qu'il y a lieu d'interdire à l'assemblée des porteurs de parts de délibérer sur cette question.

La conversion des parts en actions n'a lieu que deux ans après la constitution de la Société (art. 24).

Un changement touchant à la forme ou à l'objet de la Société n'est valable qu'après approbation de l'assemblée des porteurs de parts (art. 25).

L'art. 26 dit :

« *Les porteurs de parts de fondateurs ne peuvent s'opposer à la dissolution anticipée de la Société, prononcée sans fraude par les actionnaires, conformément à la loi et aux statuts.* »

« *La proposition de dissolution anticipée est soumise à une Assemblée de porteurs de parts, réunie conformément aux art. 21 et 22. Si l'Assemblée approuve la dissolution, aucun porteur de parts ne pourra en contester les effets en justice, ni exercer une action en dommages-intérêts de ce chef contre la Société* ».

L'Assemblée des porteurs de parts peut nommer un

représentant qui jouira des mêmes privilèges que le représentant des obligataires (art. 27).

L'art. 28 fixe les peines à appliquer en cas d'infraction à la loi.

L'art. 29 prévoit la rétroactivité de la loi. Nous ne pouvons admettre pour les parts de fondateurs le principe de rétroactivité que nous avons repoussé pour les obligations. Il est contraire au droit français et lèse des intérêts existants.

Aussi, bien que la matière soit nouvelle, et qu'il n'y ait point de législation antérieure sur les parts de fondateurs, demandons-nous la suppression de l'art. 29.

Les autres dispositions du projet — exception faite de celle relative au rachat des parts de fondateurs — nous ont paru intéressantes et dignes d'être approuvées.

III. PROJET DE LOI SUR LES SOCIÉTÉS ÉTRANGÈRES PAR ACTIONS.

Ce projet est le dernier des trois projets déposés par le Garde des Sceaux dans le but d'instituer une législation complète sur les Sociétés par actions.

La matière que traite ce dernier projet est entièrement neuve, car la situation des sociétés étrangères n'a été réglée par aucun texte dans nos lois.

Ce silence a donné lieu à des incertitudes et à des difficultés nombreuses.

Le premier soin de la Commission extra-parlementaire a été de s'occuper de la nationalité des sociétés.

Plusieurs systèmes se sont trouvés en présence : Faut-il s'en rapporter au lieu où l'acte de société a été passé ou à la nationalité des souscripteurs ? Faut-il faire dépendre la nationalité du lieu du siège social ? Faut-il considérer le pays dans lequel la Société possède son principal établissement, c'est-à-dire le centre de son exploitation ?

Si l'on s'arrêtait au premier système, on permettrait aux fondateurs de se rendre en pays étranger pour constituer une Société dans le but unique de se soustraire à la loi française.

Si l'on s'en tenait au second système, des difficultés d'autre nature pourraient surgir, car le siège de l'Administration d'une Société ne se trouve pas toujours dans le même pays que le centre de l'exploitation. La loi belge de 1886 a adopté ce second moyen pour déterminer la nationalité des Sociétés étrangères ; mais la pratique a fait apparaître les torts du système.

Il en serait probablement de même du troisième procédé ; de sorte que la Commission extra-parlementaire ne s'est pas déclarée et que le projet, qui vous est soumis, ne se rallie ni à l'une ni à l'autre de ces formules. Il s'en tient purement et simplement à la jurisprudence française :

» *La question,* dit l'exposé des motifs, *ne peut se présenter devant nos tribunaux que d'une seule façon. On prétend que telle Société constituée à l'étranger, sous une législation étrangère, est en réalité une Société française ; que son étiquette seule est étrangère et que les fondateurs n'ont cherché, en allant à l'étranger, qu'à éviter les rigueurs de la loi française et à lui faire fraude. Lorsque, d'après les faits de la cause, les tribunaux ont acquis cette conviction, ils ont annulé les Sociétés. Lorsqu'ils ont été convaincus, au contraire, que les fondateurs, en constituant une Société étrangère pour l'exploitation d'une industrie française, ont obéi à des considérations sérieuses, justifiées, ils ont repoussé la nullité.* »

Le projet reste donc dans le *statu quo* et ne contient aucune définition des règles déterminantes de la nationalité.

L'article 1er permet aux Sociétés étrangères par actions,

constituées conformément aux lois de leur pays, de faire des opérations et d'ester en justice en France, à la condition formelle qu'un traité de commerce existant ou un décret rendu en la forme des règlements d'administration publique aura autorisé les Sociétés de ce pays à exercer tous leurs droits en France.

L'article 2 ci-dessous énumère les formalités à remplir :

» *Art. 2. — La Société, qui veut établir une succursale en France, en fait préalablement la déclaration au greffe du Tribunal de Commerce du siège de cette succursale. Dans le mois de cette déclaration, l'acte constitutif de la Société, dûment traduit et légalisé, est déposé au greffe du Tribunal de Commerce du lieu dans lequel est établie la succursale.*

» *Dans le même délai d'un mois, un extrait de l'acte constitutif est publié dans l'un des journaux désignés pour recevoir les annonces légales. Il sera justifié de l'insertion conformément aux prescriptions de l'art. 55 de la loi du 24 juillet 1867.*

» *L'extrait doit indiquer la nationalité de la Société et la forme par elle adoptée. Il doit, en outre, énoncer l'objet de la Société, le montant du capital social en distinguant le capital en numéraire, les conditions de libération de ce dernier capital, le siège social, l'époque où la Société a commencé, celle où elle doit finir, la date du dépôt au greffe et la référence au « Bulletin annexe » du Journal officiel.*

» *La publication intégrale de l'acte de la Société a lieu, en outre, dans le « Bulletin annexe » du Journal officiel, conformément à l'article 56 de la loi du 24 juillet 1867.*

» *Toute Société étrangère qui a plusieurs succursales en France situées dans divers arrondissements, doit remplir, dans chacun de ces arrondissements, les formalités de publicité par extraits dans les journaux désignés pour recevoir les annonces légales.*

» *Sont soumis aux mêmes formalités tous actes et délibérations ayant pour objet la modification des statuts, la continuation de la Société au-delà du terme fixé pour sa durée, la dissolution avant terme et le mode de liquidation, tous changements à la raison sociale.*

» *Dans les deux mois qui suivent l'approbation du bilan annuel par l'Assemblée générale d'une Société étrangère, ce bilan est publié dans le « Bulletin annexe » du* Journal officiel.

» *Dans tous les actes, factures, annonces, publications et autres documents imprimés ou autographiés, la dénomination sociale doit toujours être accompagnée de l'indication en toutes lettres de la nationalité et de la forme de la Société. Si ces actes, factures, annonces, publications et autres documents portent l'énonciation du capital social, ils doivent indiquer la partie du capital restant à verser.* »

Toutes ces prescriptions doivent être remplies à peine de nullité (Art. 3).

En cas d'émission publique, en France, d'actions d'une Société étrangère, toutes les énonciations exigées par la loi française, au point de vue de la publicité sont de droit strict. Il en est de même pour l'émission des obligations aux termes de l'art. 5. Citons :

Art. 4. — *Dans le cas d'émission publique, en France, d'actions d'une Société étrangère, ou dans le cas de mise en vente, non ordonnée par justice, d'actions d'une Société étrangère, les affiches, prospectus, insertions dans les journaux, circulaires, bulletins de souscription ou d'achat doivent énoncer :*

» 1° *La dénomination de la Société ou la raison sociale ;*

» 2° *La nationalité de la Société ;*

» 3° *Le siège social ;*

« 4° *L'objet de l'entreprise ;*

« 5° *La durée de la Société ;*

« 6° *Le montant du capital social et le taux de chaque action ;*

« 7° *Le mode de libération adopté pour chaque action ;*

« 8° *L'énumération des avantages stipulés au profit des administrateurs, du gérant ou de toute autre personne ;*

« 9° *La désignation des apports en nature et le mode de rémunération adopté ;*

« 10° *La forme dans laquelle doivent être faites les convocations aux Assemblées générales, le lieu où elles doivent se réunir ;*

« *Si la Société a une succursale en France, la référence au Bulletin annexe du* Journal officiel *dans lequel aura été faite la publication des statuts conformément à l'article 2.*

« Art. 5. — *Dans le cas d'émission publique, en France, d'obligations d'une Société étrangère, ou dans le cas de mise en vente, non ordonnée par justice, d'obligations d'une Société étrangère, les affiches, prospectus, insertions dans les journaux, circulaires, bulletins de souscription ou d'achat doivent énoncer :*

« 1° *L'objet de la Société ;*

« 2° *Sa nationalité ;*

« 3° *Son siège social ;*

« 4° *Le siège de sa succursale en France, si elle en a une, et, en ce cas, la référence au Bulletin annexe du* Journal officiel*;*

« 5° *Sa durée ;*

« 6° *La date de l'acte de la Société et celle de la publication de cet acte et de toute modification apportée aux statuts;*

« 7° *L'indication du capital non libéré ;*

» 8° *Le montant des obligations déjà émises par la Société, avec énumération des garanties attachées à ces obligations ;*

» 9° *Le nombre et la valeur nominale des obligations à émettre, l'intérêt à payer pour chacune d'elles, l'époque et les conditions de remboursement ;*

» 10° *Le dernier bilan ou la mention qu'il n'en a pas été dressé encore.*

» *Dans le cas soit d'émission, soit de mise en vente non ordonnée par justice, en France, d'obligations de Sociétés étrangères, les affiches, prospectus, insertions dans les journaux, circulaires, ainsi que les bulletins de souscription ou d'achat de titres d'obligations provisoires ou définitifs doivent contenir les mêmes énonciations.* »

Enfin, toutes les prescriptions concernant la publicité, les pénalités prévues pour les infractions ainsi que la rétroactivité, qui ont été examinées déjà par vous à propos du projet sur les obligations et les parts de fondateur, sont applicables ici et appellent les mêmes réflexions.

CONCLUSIONS.

Messieurs, vous venez d'entendre l'analyse succincte des trois projets déposés par le Garde des Sceaux. Il s'agit de la refonte totale de notre législation en matière de Sociétés par Actions.

L'œuvre est considérable. Elle émane d'une Commission dont il n'est pas permis de contester la compétence sérieuse en la matière.

Elle réalise à certains points de vue un réel progrès sur la législation de 1867 et comble de nombreuses lacunes. Elle innove d'une façon souvent heureuse, notamment en ce qui concerne les obligations, les parts de fondateurs et les Sociétés étrangères.

Elle entoure de garanties précieuses les actionnaires et les créanciers des Sociétés.

Pourtant, nous ne saurions lui donner notre approbation sans réserve. Nous avons, chemin faisant, marqué les critiques que certaines dispositions soulèvent à notre avis et nous allons les rassembler.

Le grand grief que l'on peut adresser au projet est, à raison même des droits qu'il confère aux actionnaires, de rendre difficiles l'administration et la direction des Sociétés par actions. La surveillance et le contrôle étroits dont on entoure les Conseils d'administration — lorsqu'ils ne prennent pas la forme d'une véritable suspicion — auront pour effet de paralyser l'initiative de ceux à qui sont confiées les destinées des entreprises.

L'utilité de telle ou telle mesure prise par le Conseil d'administration peut ne pas apparaître, au premier abord, aux actionnaires peu habitués à la direction des affaires sociales et quelquefois totalement étrangers à leur marche.

Administrer, c'est prévoir, — et l'effet bienfaisant d'une mesure ne s'aperçoit souvent qu'après coup. Si un groupe d'actionnaires trop pressés intervient et vote un blâme à son conseil ou soulève des incidents, de quel découragement ne va-t-on pas frapper les administrateurs visés ?

Vous savez de quelle façon les choses se passent dans notre région. Lorsqu'une société se crée, le premier soin des souscripteurs éventuels est de s'informer du nom des fondateurs et administrateurs. Si l'on a confiance dans leur prudence, dans leur habileté et surtout dans leur honnêteté, si l'expérience a consacré leur réputation, on s'intéresse sans crainte à l'affaire. On agit tout différemment lorsque les fondateurs sont inconnus ou suspects et l'on observe alors la plus grande circonspection.

Il ne semble donc pas que l'on puisse suppléer par des dispositions législatives d'un rigorisme outrancier à la probité et à l'habileté des administrateurs.

Ici, d'ailleurs, une remarque s'impose. A l'ordinaire, ce sont les flibustiers de la finance qui connaissent le mieux et observent le plus complètement les prescriptions compliquées des lois.

Les hommes honorables qui composent les Conseils d'administration de nos affaires industrielles et commerciales y pensent moins et courent des risques injustes.

Il est donc nécessaire de prendre des précautions pour que des peines aussi graves que celles prévues par la loi n'atteignent que les coupables.

Autrement, on risquerait de rendre les fonctions d'administrateur impossibles, de décourager les bonnes volontés et de paralyser l'esprit d'initiative déjà si peu développé en France.

Par ce côté, la loi touche à l'existence même des sociétés. C'est l'avenir du commerce, de l'industrie et de l'agriculture qui est mis en cause.

S'étonnera-t-on alors que nous demandions au législateur de réviser le projet sur ce point et de le rédiger dans un esprit plus équitable et plus large ?

La publication du bilan présente aussi plus de dangers que d'avantages. Les sociétés prospères n'ont rien à en redouter. Elles ne manquent pas, dès à présent même, de faire connaître les résultats de leur exploitation, quand cette publication n'est pas de nature à leur nuire.

Il en va tout autrement des affaires qui débutent et qui subissent une crise. La publication de chiffres peu brillants fera naître le découragement chez les porteurs de parts peu initiés : elle affectera surtout les sociétés ou les particuliers en relation d'affaires avec cette société qui lui mesureront les crédits ou refuseront de traiter avec elle. Il est arrivé, dans des circonstances analogues, que des sociétés composées de bons éléments, ayant un avenir certain devant elles, se sont vu refuser les facilités dont elles avaient besoin pour passer la crise et se sont effondrées à cause du resserrement de leurs affaires et de leur crédit. La situation peu brillante de nos industries, nous ferait craindre, si le projet était voté sans modifications, que des difficultés insurmontables ne surgissent en face des sociétés qui n'auront pas eu le temps de se constituer un fonds de prévoyance suffisant et auxquelles il deviendra impossible de traverser les périodes de gêne commerciale.

La communication de la liste des actionnaires à tout actionnaire, indistinctement, présente aussi de graves inconvénients et nous demandons la suppression de cette disposition. Il suffit que cette communication soit faite aux commissaires.

Le projet de loi limite d'une façon excessive le nombre des établissements autorisés à recevoir les fonds de souscription des Sociétés. Nous demandons que cette autorisation soit étendue aux grands établissements financiers régionaux, par exemple aux banques possédant un capital très important — le Parlement pourra fixer un minimum — et ayant plus de dix années d'existence.

Le droit donné aux assemblées générales de changer même l'objet de la Société, est sévèrement apprécié, encore qu'une majorité des trois quarts au moins du capital social soit exigé pour la validité de la délibération.

La loi de 1867 est plus sage sur ce point. Elle place l'objet social au-dessus des assemblées générales et respecte ainsi ce principe de notre droit : « *La convention est la loi suprême.* »

Nous nous sommes élevé dans le courant de notre étude contre toute modification apportée aux gages et au mode de rémunération des obligations. Il y a là un principe à sauvegarder. L'obligataire est un créancier d'un ordre particulier, aux prérogatives duquel il ne faut pas toucher, si l'on ne veut troubler le fonctionnement des Sociétés elles-mêmes. Il est évident que si l'on détruit le caractère de l'obligation, l'épargne s'éloignera de ce genre de placement et il deviendra impossible aux Sociétés de trouver des capitaux d'emprunt.

La grande réforme du projet consiste, vous l'avez vu, en la refonte totale du système de publicité. Nous nous en sommes expliqué longuement et nous n'y reviendrons que pour vous proposer de renouveler ici vos résolutions antérieures : que la publicité des actes de Société et de tous les documents prescrits par la loi soit faite dans les journaux locaux et non dans le bulletin annexé au « *Journal officiel* » ; que ce bulletin annexe soit seulement un répertoire portant indication des Sociétés fondées et du titre du Journal dans lequel l'acte de Société et toutes communications ultérieures sont insérés.

Ce sont là des critiques qui ne sauraient nous faire oublier les parties excellentes de la législation projetée.

Aussi, votre Commission de Législation vous propose-t-elle, sous le bénéfice des observations qui ont été développées dans le rapport, de donner un avis favorable au triple projet du Garde des Sceaux.

Les rapports sur ces trois projets de loi ont fait l'objet des délibérations de la Chambre de Commerce de Lille et ont été adoptés par elle dans ses séances des 7 octobre, 4 novembre et 2 décembre 1904.

[illegible]

—1841—

[illegible]
[illegible]
[illegible] Chambre de Commerce [illegible]
[illegible]
[illegible]

[illegible]
[illegible]
[illegible]
[illegible]
[illegible]
[illegible]
[illegible]
[illegible]
[illegible]
[illegible]
[illegible]
[illegible]
[illegible]
[illegible]

— 40 —

www.ingramcontent.com/pod-product-compliance
Ingram Content Group UK Ltd.
Pitfield, Milton Keynes, MK11 3LW, UK
UKHW022219070726
13613UKWH00004B/1763